RECORD AND GRADE

NAME _____

SCHOOL _____

GRADE/SUBJECT _____

ROOM _____

SCHOOL YEAR _____

ADDRESS _____

PHONE _____

Teacher Created Resources, Inc.
12621 Western Avenue
Garden Grove, CA 92841
www.teachercreated.com

ISBN: 978-1-4206-3360-3

©2008 Teacher Created Resources, Inc.
Reprinted, 2021
Made in U.S.A.

Editor in Chief: Karen Goldfluss, M.S. Ed.
Cover Design: Kevin Barnes
Creative Director: Karen Goldfluss, M.S. Ed.
Imaging: James Edward Grace
Publisher: Mary D. Smith, M.S. Ed.

Teacher Created Resources

USING THE RECORD AND GRADE BOOK

Monthly Reminders (page 3)

Use this chart as a quick reference. Record significant events and upcoming meetings, appointments, conferences, seminars, etc.

Student Roster (pages 4–5)

Record both student and parent or guardian names and addresses. Where applicable, make a special note of differences in last names. You may wish to list siblings and their grades if they attend the same school. Notes may include information regarding special needs children and medications necessary.

Class Record (pages 6–63)

The class record is designed to provide organized space for recording daily notations or grades for assignments, tests, attendance, tardies, participation, etc. Each page contains a five-week block of spaces so that a student's record for an entire quarter of ten weeks can be read on facing pages. Summary columns for recording total attendance, tardies, and grades appear on the right-hand facing page for each ten-week period.

Grading Chart (page 64)

A convenient chart for scoring students' work is provided at the back of this book. Use the chart as a quick reference when scoring 3 to 50 items of equal value. To use the chart, simply "connect" the row that matches the total number of items to be scored with the column indicating the number of incorrect items.

By following across the row and up the column to the intersection point (number), you can determine the raw score. For example, if the total number of items on a given test is 35, and a student marked 5 incorrectly, his or her score would be 86%. The score is obtained by moving across row 35 and up column 5 to the point where they meet (86%).

GRADING CHART

Total Number of Items	1	2	3	4	5	6	7	8	9	10	11	12	13	14	15	16	17	18	19	20	21	22	23	24	25	26	27	28	29	30
50	98	96	94	92	90	88	86	84	82	80	78	76	74	72	70	68	66	64	62	60	58	56	54	52	50	48	46	44	42	40
49	98	96	94	92	90	88	86	84	82	80	78	76	73	71	69	67	65	63	61	59	57	55	53	51	49	47	45	43	41	39
48	98	96	94	92	90	88	85	83	81	79	77	75	73	71	69	67	65	63	60	58	56	54	52	50	48	46	44	42	40	38
47	98	96	94	91	89	87	85	83	81	79	77	74	72	70	68	66	64	62	60	57	55	53	51	49	47	45	43	40	38	36
46	98	96	93	91	89	87	85	81	80	78	76	74	72	70	67	65	63	61	59	57	54	52	50	48	46	43	41	39	37	35
45	98	95	93	91	89	87	84	82	80	78	76	73	71	69	67	64	62	60	58	56	53	51	49	47	44	42	40	38	36	33
44	98	95	93	91	89	86	84	82	80	77	75	73	70	68	66	64	61	59	57	55	52	50	48	45	43	41	39	36	34	32
43	98	95	93	91	88	86	84	81	79	77	74	72	70	67	65	63	60	58	56	53	51	49	47	44	42	40	37	35	33	30
42	98	95	93	90	88	86	83	81	79	76	74	71	69	67	64	62	60	57	55	52	50	48	45	43	40	38	36	33	31	29
41	98	95	93	90	88	85	83	80	78	75	73	71	68	66	63	61	59	56	54	51	49	46	44	41	39	37	34	32	29	27
40	98	95	92	90	88	85	82	80	78	75	72	70	68	65	62	60	58	55	52	50	48	45	42	40	38	35	32	30	28	25
39	97	95	92	90	87	85	82	79	77	74	72	69	67	64	62	59	56	54	51	49	46	44	41	38	36	33	31	28	26	23
38	97	95	92	89	87	84	82	79	76	74	71	68	66	63	61	58	55	53	50	47	45	42	39	37	34	32	29	26	24	21
37	97	95	92	89	86	84	81	78	76	73	70	68	65	62	59	57	54	51	49	46	43	41	38	35	32	30	27	24	22	19
36	97	94	92	89	86	83	81	78	75	72	69	67	64	61	58	56	53	50	47	44	42	39	36	33	31	28	25	22	19	17
35	97	94	91	89	86	83	80	77	74	71	69	66	63	60	57	54	51	49	46	43	40	37	34	31	29	26	23	20	17	14
34	97	94	91	88	85	82	79	76	74	71	68	65	62	59	56	53	50	47	44	41	38	35	32	29	26	24	21	18	15	12
33	97	94	91	88	85	82	79	76	73	70	67	64	61	58	55	52	48	45	42	39	36	33	30	27	24	21	18	15	12	9
32	97	94	91	88	84	81	78	75	72	69	66	63	59	56	53	50	47	44	41	38	34	31	28	25	22	19	16	13	9	6
31	97	94	90	87	84	81	77	74	71	68	65	61	58	55	52	48	45	42	39	35	32	29	26	23	19	16	13	10	6	3
30	97	93	90	87	83	80	77	73	70	67	63	60	57	53	50	47	43	40	37	33	30	27	23	20	17	13	10	7	3	
29	97	93	90	86	83	79	76	72	69	66	62	59	55	52	48	45	41	38	34	31	28	24	21	17	14	10	7	3		
28	96	93	89	86	82	79	75	71	68	64	61	57	54	50	46	43	39	36	32	29	25	21	18	14	11	7	4			
27	96	93	89	85	81	78	74	70	67	63	59	56	52	48	44	41	37	33	30	26	22	19	15	11	7	4				
26	96	92	88	85	81	77	73	69	65	62	58	54	50	46	42	38	35	31	27	23	19	15	12	8	4					
25	96	92	88	84	80	76	72	68	64	60	56	52	48	44	40	36	32	28	24	20	16	12	8	4						
24	96	92	88	83	79	75	71	67	63	58	54	50	46	42	38	33	29	25	21	17	13	8	4							
23	96	91	87	83	78	74	70	65	61	57	52	48	43	39	35	30	26	22	17	13	9	4								
22	95	91	86	82	77	73	68	64	59	55	50	45	41	36	32	27	23	18	14	9	5									
21	95	90	86	81	76	71	67	62	57	52	48	43	38	33	29	24	19	14	10	5										
20	95	90	85	80	75	70	65	60	55	50	45	40	35	30	25	20	15	10	5											
19	95	89	84	79	74	68	63	58	53	47	42	37	32	26	21	16	11	5												
18	94	89	83	78	72	67	61	56	50	44	39	33	28	22	17	11	6													
17	94	88	82	76	71	65	59	53	47	41	35	29	24	18	12	6														
16	94	88	81	75	69	63	56	50	44	38	31	25	19	13	6															
15	93	87	80	73	67	60	53	47	40	33	27	20	13	7																
14	93	86	79	71	64	57	50	43	36	29	21	14	7																	
13	92	85	77	69	62	54	46	38	31	23	15	8																		
12	92	83	75	67	58	50	42	33	25	17	8																			
11	91	82	73	64	55	45	36	27	18	9																				
10	90	80	70	60	50	40	30	20	10																					
9	89	78	67	56	44	33	22	11																						
8	88	75	63	50	38	25	13																							
7	86	71	57	43	29	14																								
6	83	67	50	33	17																									
5	80	60	40	20																										
4	75	50	25																											
3	67	33																												

Number of Incorrect Items

MONTHLY REMINDERS

AUGUST

Date	Notes

SEPTEMBER

Date	Notes

OCTOBER

Date	Notes

NOVEMBER

Date	Notes

DECEMBER

Date	Notes

JANUARY

Date	Notes

FEBRUARY

Date	Notes

MARCH

Date	Notes

APRIL

Date	Notes

MAY

Date	Notes

JUNE

Date	Notes

JULY

Date	Notes

STUDENT

	Student's Name	Parent's Name	Address
1.			
2.			
3.			
4.			
5.			
6.			
7.			
8.			
9.			
10.			
11.			
12.			
13.			
14.			
15.			
16.			
17.			
18.			
19.			
20.			
21.			
22.			
23.			
24.			
25.			
26.			
27.			
28.			
29.			
30.			
31.			
32.			
33.			
34.			
35.			
36.			

ROSTER

Home & Work Phones	Birthday	Siblings	Notes

ROSTER

Subject _____ Time/Period _____	Assignments	M	T	W	T	F	M	T	W	T	F	M	T	W	T	F	M	T	W	T	F	M	T	W	T	F
Day		M	T	W	T	F	M	T	W	T	F	M	T	W	T	F	M	T	W	T	F	M	T	W	T	F
Name	Date→																									
	1																									
	2																									
	3																									
	4																									
	5																									
	6																									
	7																									
	8																									
	9																									
	10																									
	11																									
	12																									
	13																									
	14																									
	15																									
	16																									
	17																									
	18																									
	19																									
	20																									
	21																									
	22																									
	23																									
	24																									
	25																									
	26																									
	27																									
	28																									
	29																									
	30																									
	31																									
	32																									
	33																									
	34																									
	35																									
	36																									

WEEK OF

M	T	W	T	F	M	T	W	T	F	M	T	W	T	F	M	T	W	T	F	M	T	W	T	F		Days Present	Days Absent	Tardies	Quarter Grade	
																									1					
																									2					
																									3					
																									4					
																									5					
																									6					
																									7					
																									8					
																									9					
																									10					
																									11					
																									12					
																									13					
																									14					
																									15					
																									16					
																									17					
																									18					
																									19					
																									20					
																									21					
																									22					
																									23					
																									24					
																									25					
																									26					
																									27					
																									28					
																									29					
																									30					
																									31					
																									32					
																									33					
																									34					
																									35					
																									36					

WEEK OF

Subject _____ Time/Period _____	Assignments																									
Day		M	T	W	T	F	M	T	W	T	F	M	T	W	T	F	M	T	W	T	F	M	T	W	T	F
Name	Date→																									
	1																									
	2																									
	3																									
	4																									
	5																									
	6																									
	7																									
	8																									
	9																									
	10																									
	11																									
	12																									
	13																									
	14																									
	15																									
	16																									
	17																									
	18																									
	19																									
	20																									
	21																									
	22																									
	23																									
	24																									
	25																									
	26																									
	27																									
	28																									
	29																									
	30																									
	31																									
	32																									
	33																									
	34																									
	35																									
	36																									

WEEK OF

M	T	W	T	F	M	T	W	T	F	M	T	W	T	F	M	T	W	T	F	M	T	W	T	F		Days Present	Days Absent	Tardies	Quarter Grade	
																									1					
																									2					
																									3					
																									4					
																									5					
																									6					
																									7					
																									8					
																									9					
																									10					
																									11					
																									12					
																									13					
																									14					
																									15					
																									16					
																									17					
																									18					
																									19					
																									20					
																									21					
																									22					
																									23					
																									24					
																									25					
																									26					
																									27					
																									28					
																									29					
																									30					
																									31					
																									32					
																									33					
																									34					
																									35					
																									36					

WEEK OF

Subject _____ Time/Period _____	Assignments	M	T	W	T	F	M	T	W	T	F	M	T	W	T	F	M	T	W	T	F	M	T	W	T	F
Day		M	T	W	T	F	M	T	W	T	F	M	T	W	T	F	M	T	W	T	F	M	T	W	T	F
Name	Date→																									
	1																									
	2																									
	3																									
	4																									
	5																									
	6																									
	7																									
	8																									
	9																									
	10																									
	11																									
	12																									
	13																									
	14																									
	15																									
	16																									
	17																									
	18																									
	19																									
	20																									
	21																									
	22																									
	23																									
	24																									
	25																									
	26																									
	27																									
	28																									
	29																									
	30																									
	31																									
	32																									
	33																									
	34																									
	35																									
	36																									

WEEK OF

M	T	W	T	F	M	T	W	T	F	M	T	W	T	F	M	T	W	T	F	M	T	W	T	F		Days Present	Days Absent	Tardies	Quarter Grade	
																									1					
																									2					
																									3					
																									4					
																									5					
																									6					
																									7					
																									8					
																									9					
																									10					
																									11					
																									12					
																									13					
																									14					
																									15					
																									16					
																									17					
																									18					
																									19					
																									20					
																									21					
																									22					
																									23					
																									24					
																									25					
																									26					
																									27					
																									28					
																									29					
																									30					
																									31					
																									32					
																									33					
																									34					
																									35					
																									36					

WEEK OF

Subject _____ Time/Period _____	Assignments	M	T	W	T	F	M	T	W	T	F	M	T	W	T	F	M	T	W	T	F	M	T	W	T	F
Day		M	T	W	T	F	M	T	W	T	F	M	T	W	T	F	M	T	W	T	F	M	T	W	T	F
Name	Date→																									
	1																									
	2																									
	3																									
	4																									
	5																									
	6																									
	7																									
	8																									
	9																									
	10																									
	11																									
	12																									
	13																									
	14																									
	15																									
	16																									
	17																									
	18																									
	19																									
	20																									
	21																									
	22																									
	23																									
	24																									
	25																									
	26																									
	27																									
	28																									
	29																									
	30																									
	31																									
	32																									
	33																									
	34																									
	35																									
	36																									

WEEK OF

M	T	W	T	F	M	T	W	T	F	M	T	W	T	F	M	T	W	T	F	M	T	W	T	F		Days Present	Days Absent	Tardies	Quarter Grade		
																									1						
																									2						
																									3						
																									4						
																									5						
																									6						
																									7						
																									8						
																									9						
																									10						
																									11						
																									12						
																									13						
																									14						
																									15						
																									16						
																									17						
																									18						
																									19						
																									20						
																									21						
																									22						
																									23						
																									24						
																									25						
																									26						
																									27						
																									28						
																									29						
																									30						
																									31						
																									32						
																									33						
																									34						
																									35						
																									36						

Subject _____ Time/Period _____	Assignments																									
Day		M	T	W	T	F	M	T	W	T	F	M	T	W	T	F	M	T	W	T	F	M	T	W	T	F
Name	Date→																									
	1																									
	2																									
	3																									
	4																									
	5																									
	6																									
	7																									
	8																									
	9																									
	10																									
	11																									
	12																									
	13																									
	14																									
	15																									
	16																									
	17																									
	18																									
	19																									
	20																									
	21																									
	22																									
	23																									
	24																									
	25																									
	26																									
	27																									
	28																									
	29																									
	30																									
	31																									
	32																									
	33																									
	34																									
	35																									
	36																									

M	T	W	T	F	M	T	W	T	F	M	T	W	T	F	M	T	W	T	F	M	T	W	T	F		Days Present	Days Absent	Tardies	Quarter Grade		
																									1						
																									2						
																									3						
																									4						
																									5						
																									6						
																									7						
																									8						
																									9						
																									10						
																									11						
																									12						
																									13						
																									14						
																									15						
																									16						
																									17						
																									18						
																									19						
																									20						
																									21						
																									22						
																									23						
																									24						
																									25						
																									26						
																									27						
																									28						
																									29						
																									30						
																									31						
																									32						
																									33						
																									34						
																									35						
																									36						

WEEK OF

Subject _____ Time/Period _____	Assignments																									
Day		M	T	W	T	F	M	T	W	T	F	M	T	W	T	F	M	T	W	T	F	M	T	W	T	F
Name	Date→																									
	1																									
	2																									
	3																									
	4																									
	5																									
	6																									
	7																									
	8																									
	9																									
	10																									
	11																									
	12																									
	13																									
	14																									
	15																									
	16																									
	17																									
	18																									
	19																									
	20																									
	21																									
	22																									
	23																									
	24																									
	25																									
	26																									
	27																									
	28																									
	29																									
	30																									
	31																									
	32																									
	33																									
	34																									
	35																									
	36																									

																													Days Present	Days Absent	Tardies	Quarter Grade	
M	T	W	T	F	M	T	W	T	F	M	T	W	T	F	M	T	W	T	F	M	T	W	T	F					1				
																													2				
																													3				
																													4				
																													5				
																													6				
																													7				
																													8				
																													9				
																													10				
																													11				
																													12				
																													13				
																													14				
																													15				
																													16				
																													17				
																													18				
																													19				
																													20				
																													21				
																													22				
																													23				
																													24				
																													25				
																													26				
																													27				
																													28				
																													29				
																													30				
																													31				
																													32				
																													33				
																													34				
																													35				
																													36				

WEEK OF

Subject _____ Time/Period _____	Assignments	M	T	W	T	F	M	T	W	T	F	M	T	W	T	F	M	T	W	T	F	M	T	W	T	F
Day		M	T	W	T	F	M	T	W	T	F	M	T	W	T	F	M	T	W	T	F	M	T	W	T	F
Name	Date→																									
	1																									
	2																									
	3																									
	4																									
	5																									
	6																									
	7																									
	8																									
	9																									
	10																									
	11																									
	12																									
	13																									
	14																									
	15																									
	16																									
	17																									
	18																									
	19																									
	20																									
	21																									
	22																									
	23																									
	24																									
	25																									
	26																									
	27																									
	28																									
	29																									
	30																									
	31																									
	32																									
	33																									
	34																									
	35																									
	36																									

WEEK OF

M	T	W	T	F	M	T	W	T	F	M	T	W	T	F	M	T	W	T	F	M	T	W	T	F		Days Present	Days Absent	Tardies	Quarter Grade		
																									1						
																									2						
																									3						
																									4						
																									5						
																									6						
																									7						
																									8						
																									9						
																									10						
																									11						
																									12						
																									13						
																									14						
																									15						
																									16						
																									17						
																									18						
																									19						
																									20						
																									21						
																									22						
																									23						
																									24						
																									25						
																									26						
																									27						
																									28						
																									29						
																									30						
																									31						
																									32						
																									33						
																									34						
																									35						
																									36						

Subject _____ Time/Period _____	Assignments	M	T	W	T	F	M	T	W	T	F	M	T	W	T	F	M	T	W	T	F	M	T	W	T	F
Day		M	T	W	T	F	M	T	W	T	F	M	T	W	T	F	M	T	W	T	F	M	T	W	T	F
Name	Date→																									
	1																									
	2																									
	3																									
	4																									
	5																									
	6																									
	7																									
	8																									
	9																									
	10																									
	11																									
	12																									
	13																									
	14																									
	15																									
	16																									
	17																									
	18																									
	19																									
	20																									
	21																									
	22																									
	23																									
	24																									
	25																									
	26																									
	27																									
	28																									
	29																									
	30																									
	31																									
	32																									
	33																									
	34																									
	35																									
	36																									

M	T	W	T	F	M	T	W	T	F	M	T	W	T	F	M	T	W	T	F	M	T	W	T	F		Days Present	Days Absent	Tardies	Quarter Grade		
																									1						
																									2						
																									3						
																									4						
																									5						
																									6						
																									7						
																									8						
																									9						
																									10						
																									11						
																									12						
																									13						
																									14						
																									15						
																									16						
																									17						
																									18						
																									19						
																									20						
																									21						
																									22						
																									23						
																									24						
																									25						
																									26						
																									27						
																									28						
																									29						
																									30						
																									31						
																									32						
																									33						
																									34						
																									35						
																									36						

WEEK OF

Subject _____ Time/Period _____	Assignments																										
Day		M	T	W	T	F	M	T	W	T	F	M	T	W	T	F	M	T	W	T	F	M	T	W	T	F
Name	Date→																									
	1																									
	2																									
	3																									
	4																									
	5																									
	6																									
	7																									
	8																									
	9																									
	10																									
	11																									
	12																									
	13																									
	14																									
	15																									
	16																									
	17																									
	18																									
	19																									
	20																									
	21																									
	22																									
	23																									
	24																									
	25																									
	26																									
	27																									
	28																									
	29																									
	30																									
	31																									
	32																									
	33																									
	34																									
	35																									
	36																									

M	T	W	T	F	M	T	W	T	F	M	T	W	T	F	M	T	W	T	F	M	T	W	T	F		Days Present	Days Absent	Tardies	Quarter Grade		
																									1						
																									2						
																									3						
																									4						
																									5						
																									6						
																									7						
																									8						
																									9						
																									10						
																									11						
																									12						
																									13						
																									14						
																									15						
																									16						
																									17						
																									18						
																									19						
																									20						
																									21						
																									22						
																									23						
																									24						
																									25						
																									26						
																									27						
																									28						
																									29						
																									30						
																									31						
																									32						
																									33						
																									34						
																									35						
																									36						

#3360 Record & Grade Book

Subject _____ Time/Period _____	Assignments	M	T	W	T	F	M	T	W	T	F	M	T	W	T	F	M	T	W	T	F	M	T	W	T	F
Day		M	T	W	T	F	M	T	W	T	F	M	T	W	T	F	M	T	W	T	F	M	T	W	T	F
Name	Date→																									
	1																									
	2																									
	3																									
	4																									
	5																									
	6																									
	7																									
	8																									
	9																									
	10																									
	11																									
	12																									
	13																									
	14																									
	15																									
	16																									
	17																									
	18																									
	19																									
	20																									
	21																									
	22																									
	23																									
	24																									
	25																									
	26																									
	27																									
	28																									
	29																									
	30																									
	31																									
	32																									
	33																									
	34																									
	35																									
	36																									

M	T	W	T	F	M	T	W	T	F	M	T	W	T	F	M	T	W	T	F	M	T	W	T	F		Days Present	Days Absent	Tardies	Quarter Grade		
																									1						
																									2						
																									3						
																									4						
																									5						
																									6						
																									7						
																									8						
																									9						
																									10						
																									11						
																									12						
																									13						
																									14						
																									15						
																									16						
																									17						
																									18						
																									19						
																									20						
																									21						
																									22						
																									23						
																									24						
																									25						
																									26						
																									27						
																									28						
																									29						
																									30						
																									31						
																									32						
																									33						
																									34						
																									35						
																									36						

Subject _____ Time/Period _____	Assignments																									
Day		M	T	W	T	F	M	T	W	T	F	M	T	W	T	F	M	T	W	T	F	M	T	W	T	F
Name	Date→																									
	1																									
	2																									
	3																									
	4																									
	5																									
	6																									
	7																									
	8																									
	9																									
	10																									
	11																									
	12																									
	13																									
	14																									
	15																									
	16																									
	17																									
	18																									
	19																									
	20																									
	21																									
	22																									
	23																									
	24																									
	25																									
	26																									
	27																									
	28																									
	29																									
	30																									
	31																									
	32																									
	33																									
	34																									
	35																									
	36																									

M	T	W	T	F	M	T	W	T	F	M	T	W	T	F	M	T	W	T	F	M	T	W	T	F		Days Present	Days Absent	Tardies	Quarter Grade		
																									1						
																									2						
																									3						
																									4						
																									5						
																									6						
																									7						
																									8						
																									9						
																									10						
																									11						
																									12						
																									13						
																									14						
																									15						
																									16						
																									17						
																									18						
																									19						
																									20						
																									21						
																									22						
																									23						
																									24						
																									25						
																									26						
																									27						
																									28						
																									29						
																									30						
																									31						
																									32						
																									33						
																									34						
																									35						
																									36						

Subject _____ Time/Period _____	Assignments	M	T	W	T	F	M	T	W	T	F	M	T	W	T	F	M	T	W	T	F	M	T	W	T	F
Day		M	T	W	T	F	M	T	W	T	F	M	T	W	T	F	M	T	W	T	F	M	T	W	T	F
Name	Date→																									
	1																									
	2																									
	3																									
	4																									
	5																									
	6																									
	7																									
	8																									
	9																									
	10																									
	11																									
	12																									
	13																									
	14																									
	15																									
	16																									
	17																									
	18																									
	19																									
	20																									
	21																									
	22																									
	23																									
	24																									
	25																									
	26																									
	27																									
	28																									
	29																									
	30																									
	31																									
	32																									
	33																									
	34																									
	35																									
	36																									

M	T	W	T	F	M	T	W	T	F	M	T	W	T	F	M	T	W	T	F	M	T	W	T	F		Days Present	Days Absent	Tardies	Quarter Grade		
																									1						
																									2						
																									3						
																									4						
																									5						
																									6						
																									7						
																									8						
																									9						
																									10						
																									11						
																									12						
																									13						
																									14						
																									15						
																									16						
																									17						
																									18						
																									19						
																									20						
																									21						
																									22						
																									23						
																									24						
																									25						
																									26						
																									27						
																									28						
																									29						
																									30						
																									31						
																									32						
																									33						
																									34						
																									35						
																									36						

WEEK OF

Subject _____ Time/Period _____	Assignments	M	T	W	T	F	M	T	W	T	F	M	T	W	T	F	M	T	W	T	F	M	T	W	T	F
Day		M	T	W	T	F	M	T	W	T	F	M	T	W	T	F	M	T	W	T	F	M	T	W	T	F
Name	Date→																									
	1																									
	2																									
	3																									
	4																									
	5																									
	6																									
	7																									
	8																									
	9																									
	10																									
	11																									
	12																									
	13																									
	14																									
	15																									
	16																									
	17																									
	18																									
	19																									
	20																									
	21																									
	22																									
	23																									
	24																									
	25																									
	26																									
	27																									
	28																									
	29																									
	30																									
	31																									
	32																									
	33																									
	34																									
	35																									
	36																									

M	T	W	T	F	M	T	W	T	F	M	T	W	T	F	M	T	W	T	F	M	T	W	T	F	Days Present	Days Absent	Tardies	Quarter Grade	
																									1				
																									2				
																									3				
																									4				
																									5				
																									6				
																									7				
																									8				
																									9				
																									10				
																									11				
																									12				
																									13				
																									14				
																									15				
																									16				
																									17				
																									18				
																									19				
																									20				
																									21				
																									22				
																									23				
																									24				
																									25				
																									26				
																									27				
																									28				
																									29				
																									30				
																									31				
																									32				
																									33				
																									34				
																									35				
																									36				

WEEK OF

Subject _____ Time/Period _____	Assignments	M	T	W	T	F	M	T	W	T	F	M	T	W	T	F	M	T	W	T	F	M	T	W	T	F
Day		M	T	W	T	F	M	T	W	T	F	M	T	W	T	F	M	T	W	T	F	M	T	W	T	F
Name	Date→																									
	1																									
	2																									
	3																									
	4																									
	5																									
	6																									
	7																									
	8																									
	9																									
	10																									
	11																									
	12																									
	13																									
	14																									
	15																									
	16																									
	17																									
	18																									
	19																									
	20																									
	21																									
	22																									
	23																									
	24																									
	25																									
	26																									
	27																									
	28																									
	29																									
	30																									
	31																									
	32																									
	33																									
	34																									
	35																									
	36																									

WEEK OF

M	T	W	T	F	M	T	W	T	F	M	T	W	T	F	M	T	W	T	F	M	T	W	T	F		Days Present	Days Absent	Tardies	Quarter Grade	
																									1					
																									2					
																									3					
																									4					
																									5					
																									6					
																									7					
																									8					
																									9					
																									10					
																									11					
																									12					
																									13					
																									14					
																									15					
																									16					
																									17					
																									18					
																									19					
																									20					
																									21					
																									22					
																									23					
																									24					
																									25					
																									26					
																									27					
																									28					
																									29					
																									30					
																									31					
																									32					
																									33					
																									34					
																									35					
																									36					

WEEK OF

Subject _____ Time/Period _____	Assignments	M	T	W	T	F	M	T	W	T	F	M	T	W	T	F	M	T	W	T	F	M	T	W	T	F
Day		M	T	W	T	F	M	T	W	T	F	M	T	W	T	F	M	T	W	T	F	M	T	W	T	F
Name	Date→																									
	1																									
	2																									
	3																									
	4																									
	5																									
	6																									
	7																									
	8																									
	9																									
	10																									
	11																									
	12																									
	13																									
	14																									
	15																									
	16																									
	17																									
	18																									
	19																									
	20																									
	21																									
	22																									
	23																									
	24																									
	25																									
	26																									
	27																									
	28																									
	29																									
	30																									
	31																									
	32																									
	33																									
	34																									
	35																									
	36																									

WEEK OF

M	T	W	T	F	M	T	W	T	F	M	T	W	T	F	M	T	W	T	F	M	T	W	T	F		Days Present	Days Absent	Tardies	Quarter Grade	
																									1					
																									2					
																									3					
																									4					
																									5					
																									6					
																									7					
																									8					
																									9					
																									10					
																									11					
																									12					
																									13					
																									14					
																									15					
																									16					
																									17					
																									18					
																									19					
																									20					
																									21					
																									22					
																									23					
																									24					
																									25					
																									26					
																									27					
																									28					
																									29					
																									30					
																									31					
																									32					
																									33					
																									34					
																									35					
																									36					

#3360 Record & Grade Book

Subject Time/Period	Assignments	M	T	W	T	F	M	T	W	T	F	M	T	W	T	F	M	T	W	T	F	M	T	W	T	F
Day		M	T	W	T	F	M	T	W	T	F	M	T	W	T	F	M	T	W	T	F	M	T	W	T	F
Name	Date→																									
	1																									
	2																									
	3																									
	4																									
	5																									
	6																									
	7																									
	8																									
	9																									
	10																									
	11																									
	12																									
	13																									
	14																									
	15																									
	16																									
	17																									
	18																									
	19																									
	20																									
	21																									
	22																									
	23																									
	24																									
	25																									
	26																									
	27																									
	28																									
	29																									
	30																									
	31																									
	32																									
	33																									
	34																									
	35																									
	36																									

M	T	W	T	F	M	T	W	T	F	M	T	W	T	F	M	T	W	T	F	M	T	W	T	F		Days Present	Days Absent	Tardies	Quarter Grade	
																									1					
																									2					
																									3					
																									4					
																									5					
																									6					
																									7					
																									8					
																									9					
																									10					
																									11					
																									12					
																									13					
																									14					
																									15					
																									16					
																									17					
																									18					
																									19					
																									20					
																									21					
																									22					
																									23					
																									24					
																									25					
																									26					
																									27					
																									28					
																									29					
																									30					
																									31					
																									32					
																									33					
																									34					
																									35					
																									36					

 #3360 Record & Grade Book

Subject _____ Time/Period _____	Assignments	M	T	W	T	F	M	T	W	T	F	M	T	W	T	F	M	T	W	T	F	M	T	W	T	F
Day		M	T	W	T	F	M	T	W	T	F	M	T	W	T	F	M	T	W	T	F	M	T	W	T	F
Name	Date→																									
	1																									
	2																									
	3																									
	4																									
	5																									
	6																									
	7																									
	8																									
	9																									
	10																									
	11																									
	12																									
	13																									
	14																									
	15																									
	16																									
	17																									
	18																									
	19																									
	20																									
	21																									
	22																									
	23																									
	24																									
	25																									
	26																									
	27																									
	28																									
	29																									
	30																									
	31																									
	32																									
	33																									
	34																									
	35																									
	36																									

WEEK OF

M	T	W	T	F	M	T	W	T	F	M	T	W	T	F	M	T	W	T	F	M	T	W	T	F		Days Present	Days Absent	Tardies	Quarter Grade	
																									1					
																									2					
																									3					
																									4					
																									5					
																									6					
																									7					
																									8					
																									9					
																									10					
																									11					
																									12					
																									13					
																									14					
																									15					
																									16					
																									17					
																									18					
																									19					
																									20					
																									21					
																									22					
																									23					
																									24					
																									25					
																									26					
																									27					
																									28					
																									29					
																									30					
																									31					
																									32					
																									33					
																									34					
																									35					
																									36					

Subject _____ Time/Period _____	Assignments																										
Day		M	T	W	T	F	M	T	W	T	F	M	T	W	T	F	M	T	W	T	F	M	T	W	T	F
Name	Date→																									
	1																									
	2																									
	3																									
	4																									
	5																									
	6																									
	7																									
	8																									
	9																									
	10																									
	11																									
	12																									
	13																									
	14																									
	15																									
	16																									
	17																									
	18																									
	19																									
	20																									
	21																									
	22																									
	23																									
	24																									
	25																									
	26																									
	27																									
	28																									
	29																									
	30																									
	31																									
	32																									
	33																									
	34																									
	35																									
	36																									

																											Days Present	Days Absent	Tardies	Quarter Grade	
M	T	W	T	F	M	T	W	T	F	M	T	W	T	F	M	T	W	T	F	M	T	W	T	F							
																									1					
																									2					
																									3					
																									4					
																									5					
																									6					
																									7					
																									8					
																									9					
																									10					
																									11					
																									12					
																									13					
																									14					
																									15					
																									16					
																									17					
																									18					
																									19					
																									20					
																									21					
																									22					
																									23					
																									24					
																									25					
																									26					
																									27					
																									28					
																									29					
																									30					
																									31					
																									32					
																									33					
																									34					
																									35					
																									36					

Subject _____ Time/Period _____	Assignments	M	T	W	T	F	M	T	W	T	F	M	T	W	T	F	M	T	W	T	F	M	T	W	T	F
Day		M	T	W	T	F	M	T	W	T	F	M	T	W	T	F	M	T	W	T	F	M	T	W	T	F
Name	Date→																									
	1																									
	2																									
	3																									
	4																									
	5																									
	6																									
	7																									
	8																									
	9																									
	10																									
	11																									
	12																									
	13																									
	14																									
	15																									
	16																									
	17																									
	18																									
	19																									
	20																									
	21																									
	22																									
	23																									
	24																									
	25																									
	26																									
	27																									
	28																									
	29																									
	30																									
	31																									
	32																									
	33																									
	34																									
	35																									
	36																									

M	T	W	T	F	M	T	W	T	F	M	T	W	T	F	M	T	W	T	F	M	T	W	T	F		Days Present	Days Absent	Tardies	Quarter Grade	
																									1					
																									2					
																									3					
																									4					
																									5					
																									6					
																									7					
																									8					
																									9					
																									10					
																									11					
																									12					
																									13					
																									14					
																									15					
																									16					
																									17					
																									18					
																									19					
																									20					
																									21					
																									22					
																									23					
																									24					
																									25					
																									26					
																									27					
																									28					
																									29					
																									30					
																									31					
																									32					
																									33					
																									34					
																									35					
																									36					

WEEK OF

Subject Time/Period _____	Assignments	M	T	W	T	F	M	T	W	T	F	M	T	W	T	F	M	T	W	T	F	M	T	W	T	F
Day		M	T	W	T	F	M	T	W	T	F	M	T	W	T	F	M	T	W	T	F	M	T	W	T	F
Name	Date→																									
	1																									
	2																									
	3																									
	4																									
	5																									
	6																									
	7																									
	8																									
	9																									
	10																									
	11																									
	12																									
	13																									
	14																									
	15																									
	16																									
	17																									
	18																									
	19																									
	20																									
	21																									
	22																									
	23																									
	24																									
	25																									
	26																									
	27																									
	28																									
	29																									
	30																									
	31																									
	32																									
	33																									
	34																									
	35																									
	36																									

#3360 Record & Grade Book   44   ©Teacher Created Resources, Inc.

M	T	W	T	F	M	T	W	T	F	M	T	W	T	F	M	T	W	T	F	M	T	W	T	F		Days Present	Days Absent	Tardies	Quarter Grade	
																									1					
																									2					
																									3					
																									4					
																									5					
																									6					
																									7					
																									8					
																									9					
																									10					
																									11					
																									12					
																									13					
																									14					
																									15					
																									16					
																									17					
																									18					
																									19					
																									20					
																									21					
																									22					
																									23					
																									24					
																									25					
																									26					
																									27					
																									28					
																									29					
																									30					
																									31					
																									32					
																									33					
																									34					
																									35					
																									36					

Subject _____ Time/Period _____	Assignments	M	T	W	T	F	M	T	W	T	F	M	T	W	T	F	M	T	W	T	F	M	T	W	T	F
Day		M	T	W	T	F	M	T	W	T	F	M	T	W	T	F	M	T	W	T	F	M	T	W	T	F
Name	Date→																									
	1																									
	2																									
	3																									
	4																									
	5																									
	6																									
	7																									
	8																									
	9																									
	10																									
	11																									
	12																									
	13																									
	14																									
	15																									
	16																									
	17																									
	18																									
	19																									
	20																									
	21																									
	22																									
	23																									
	24																									
	25																									
	26																									
	27																									
	28																									
	29																									
	30																									
	31																									
	32																									
	33																									
	34																									
	35																									
	36																									

WEEK OF

M	T	W	T	F	M	T	W	T	F	M	T	W	T	F	M	T	W	T	F	M	T	W	T	F		Days Present	Days Absent	Tardies	Quarter Grade		
																									1						
																									2						
																									3						
																									4						
																									5						
																									6						
																									7						
																									8						
																									9						
																									10						
																									11						
																									12						
																									13						
																									14						
																									15						
																									16						
																									17						
																									18						
																									19						
																									20						
																									21						
																									22						
																									23						
																									24						
																									25						
																									26						
																									27						
																									28						
																									29						
																									30						
																									31						
																									32						
																									33						
																									34						
																									35						
																									36						

WEEK OF

Subject _____ Time/Period _____	Assignments	M	T	W	T	F	M	T	W	T	F	M	T	W	T	F	M	T	W	T	F	M	T	W	T	F
Day		M	T	W	T	F	M	T	W	T	F	M	T	W	T	F	M	T	W	T	F	M	T	W	T	F
Name	Date→																									
	1																									
	2																									
	3																									
	4																									
	5																									
	6																									
	7																									
	8																									
	9																									
	10																									
	11																									
	12																									
	13																									
	14																									
	15																									
	16																									
	17																									
	18																									
	19																									
	20																									
	21																									
	22																									
	23																									
	24																									
	25																									
	26																									
	27																									
	28																									
	29																									
	30																									
	31																									
	32																									
	33																									
	34																									
	35																									
	36																									

																									Days Present	Days Absent	Tardies	Quarter Grade	
M	T	W	T	F	M	T	W	T	F	M	T	W	T	F	M	T	W	T	F	M	T	W	T	F					
																									1				
																									2				
																									3				
																									4				
																									5				
																									6				
																									7				
																									8				
																									9				
																									10				
																									11				
																									12				
																									13				
																									14				
																									15				
																									16				
																									17				
																									18				
																									19				
																									20				
																									21				
																									22				
																									23				
																									24				
																									25				
																									26				
																									27				
																									28				
																									29				
																									30				
																									31				
																									32				
																									33				
																									34				
																									35				
																									36				

WEEK OF

Subject _____ Time/Period _____	Assignments	M	T	W	T	F	M	T	W	T	F	M	T	W	T	F	M	T	W	T	F	M	T	W	T	F
Day		M	T	W	T	F	M	T	W	T	F	M	T	W	T	F	M	T	W	T	F	M	T	W	T	F
Name	Date→																									
	1																									
	2																									
	3																									
	4																									
	5																									
	6																									
	7																									
	8																									
	9																									
	10																									
	11																									
	12																									
	13																									
	14																									
	15																									
	16																									
	17																									
	18																									
	19																									
	20																									
	21																									
	22																									
	23																									
	24																									
	25																									
	26																									
	27																									
	28																									
	29																									
	30																									
	31																									
	32																									
	33																									
	34																									
	35																									
	36																									

WEEK OF

M	T	W	T	F	M	T	W	T	F	M	T	W	T	F	M	T	W	T	F	M	T	W	T	F		Days Present	Days Absent	Tardies	Quarter Grade	
																									1					
																									2					
																									3					
																									4					
																									5					
																									6					
																									7					
																									8					
																									9					
																									10					
																									11					
																									12					
																									13					
																									14					
																									15					
																									16					
																									17					
																									18					
																									19					
																									20					
																									21					
																									22					
																									23					
																									24					
																									25					
																									26					
																									27					
																									28					
																									29					
																									30					
																									31					
																									32					
																									33					
																									34					
																									35					
																									36					

Subject _____ Time/Period _____	Assignments	M	T	W	T	F	M	T	W	T	F	M	T	W	T	F	M	T	W	T	F	M	T	W	T	F
Day		M	T	W	T	F	M	T	W	T	F	M	T	W	T	F	M	T	W	T	F	M	T	W	T	F
Name	Date→																									
	1																									
	2																									
	3																									
	4																									
	5																									
	6																									
	7																									
	8																									
	9																									
	10																									
	11																									
	12																									
	13																									
	14																									
	15																									
	16																									
	17																									
	18																									
	19																									
	20																									
	21																									
	22																									
	23																									
	24																									
	25																									
	26																									
	27																									
	28																									
	29																									
	30																									
	31																									
	32																									
	33																									
	34																									
	35																									
	36																									

WEEK OF

M	T	W	T	F	M	T	W	T	F	M	T	W	T	F	M	T	W	T	F	M	T	W	T	F		Days Present	Days Absent	Tardies	Quarter Grade	
																									1					
																									2					
																									3					
																									4					
																									5					
																									6					
																									7					
																									8					
																									9					
																									10					
																									11					
																									12					
																									13					
																									14					
																									15					
																									16					
																									17					
																									18					
																									19					
																									20					
																									21					
																									22					
																									23					
																									24					
																									25					
																									26					
																									27					
																									28					
																									29					
																									30					
																									31					
																									32					
																									33					
																									34					
																									35					
																									36					

WEEK OF

Subject _____ Time/Period _____	Assignments	M	T	W	T	F	M	T	W	T	F	M	T	W	T	F	M	T	W	T	F	M	T	W	T	F
Day		M	T	W	T	F	M	T	W	T	F	M	T	W	T	F	M	T	W	T	F	M	T	W	T	F
Name	Date→																									
	1																									
	2																									
	3																									
	4																									
	5																									
	6																									
	7																									
	8																									
	9																									
	10																									
	11																									
	12																									
	13																									
	14																									
	15																									
	16																									
	17																									
	18																									
	19																									
	20																									
	21																									
	22																									
	23																									
	24																									
	25																									
	26																									
	27																									
	28																									
	29																									
	30																									
	31																									
	32																									
	33																									
	34																									
	35																									
	36																									

M	T	W	T	F	M	T	W	T	F	M	T	W	T	F	M	T	W	T	F	M	T	W	T	F		Days Present	Days Absent	Tardies	Quarter Grade	
																									1					
																									2					
																									3					
																									4					
																									5					
																									6					
																									7					
																									8					
																									9					
																									10					
																									11					
																									12					
																									13					
																									14					
																									15					
																									16					
																									17					
																									18					
																									19					
																									20					
																									21					
																									22					
																									23					
																									24					
																									25					
																									26					
																									27					
																									28					
																									29					
																									30					
																									31					
																									32					
																									33					
																									34					
																									35					
																									36					

Subject _____ Time/Period _____	Assignments	M	T	W	T	F	M	T	W	T	F	M	T	W	T	F	M	T	W	T	F	M	T	W	T	F
Day		M	T	W	T	F	M	T	W	T	F	M	T	W	T	F	M	T	W	T	F	M	T	W	T	F
Name	Date→																									
	1																									
	2																									
	3																									
	4																									
	5																									
	6																									
	7																									
	8																									
	9																									
	10																									
	11																									
	12																									
	13																									
	14																									
	15																									
	16																									
	17																									
	18																									
	19																									
	20																									
	21																									
	22																									
	23																									
	24																									
	25																									
	26																									
	27																									
	28																									
	29																									
	30																									
	31																									
	32																									
	33																									
	34																									
	35																									
	36																									

WEEK OF

M	T	W	T	F	M	T	W	T	F	M	T	W	T	F	M	T	W	T	F	M	T	W	T	F		Days Present	Days Absent	Tardies	Quarter Grade	
																									1					
																									2					
																									3					
																									4					
																									5					
																									6					
																									7					
																									8					
																									9					
																									10					
																									11					
																									12					
																									13					
																									14					
																									15					
																									16					
																									17					
																									18					
																									19					
																									20					
																									21					
																									22					
																									23					
																									24					
																									25					
																									26					
																									27					
																									28					
																									29					
																									30					
																									31					
																									32					
																									33					
																									34					
																									35					
																									36					

WEEK OF

Subject _____ Time/Period _____	Assignments	M	T	W	T	F	M	T	W	T	F	M	T	W	T	F	M	T	W	T	F	M	T	W	T	F
Day		M	T	W	T	F	M	T	W	T	F	M	T	W	T	F	M	T	W	T	F	M	T	W	T	F
Name	Date→																									
	1																									
	2																									
	3																									
	4																									
	5																									
	6																									
	7																									
	8																									
	9																									
	10																									
	11																									
	12																									
	13																									
	14																									
	15																									
	16																									
	17																									
	18																									
	19																									
	20																									
	21																									
	22																									
	23																									
	24																									
	25																									
	26																									
	27																									
	28																									
	29																									
	30																									
	31																									
	32																									
	33																									
	34																									
	35																									
	36																									

WEEK OF

M	T	W	T	F	M	T	W	T	F	M	T	W	T	F	M	T	W	T	F	M	T	W	T	F		Days Present	Days Absent	Tardies	Quarter Grade	
																									1					
																									2					
																									3					
																									4					
																									5					
																									6					
																									7					
																									8					
																									9					
																									10					
																									11					
																									12					
																									13					
																									14					
																									15					
																									16					
																									17					
																									18					
																									19					
																									20					
																									21					
																									22					
																									23					
																									24					
																									25					
																									26					
																									27					
																									28					
																									29					
																									30					
																									31					
																									32					
																									33					
																									34					
																									35					
																									36					

WEEK OF

Subject _____ Time/Period _____	Assignments	M	T	W	T	F	M	T	W	T	F	M	T	W	T	F	M	T	W	T	F	M	T	W	T	F
Day		M	T	W	T	F	M	T	W	T	F	M	T	W	T	F	M	T	W	T	F	M	T	W	T	F
Name	Date→																									
	1																									
	2																									
	3																									
	4																									
	5																									
	6																									
	7																									
	8																									
	9																									
	10																									
	11																									
	12																									
	13																									
	14																									
	15																									
	16																									
	17																									
	18																									
	19																									
	20																									
	21																									
	22																									
	23																									
	24																									
	25																									
	26																									
	27																									
	28																									
	29																									
	30																									
	31																									
	32																									
	33																									
	34																									
	35																									
	36																									

WEEK OF

M	T	W	T	F	M	T	W	T	F	M	T	W	T	F	M	T	W	T	F	M	T	W	T	F		Days Present	Days Absent	Tardies	Quarter Grade		
																									1						
																									2						
																									3						
																									4						
																									5						
																									6						
																									7						
																									8						
																									9						
																									10						
																									11						
																									12						
																									13						
																									14						
																									15						
																									16						
																									17						
																									18						
																									19						
																									20						
																									21						
																									22						
																									23						
																									24						
																									25						
																									26						
																									27						
																									28						
																									29						
																									30						
																									31						
																									32						
																									33						
																									34						
																									35						
																									36						

WEEK OF

Subject _____ Time/Period _____	Assignments	M	T	W	T	F	M	T	W	T	F	M	T	W	T	F	M	T	W	T	F	M	T	W	T	F
Day		M	T	W	T	F	M	T	W	T	F	M	T	W	T	F	M	T	W	T	F	M	T	W	T	F
Name	Date→																									
	1																									
	2																									
	3																									
	4																									
	5																									
	6																									
	7																									
	8																									
	9																									
	10																									
	11																									
	12																									
	13																									
	14																									
	15																									
	16																									
	17																									
	18																									
	19																									
	20																									
	21																									
	22																									
	23																									
	24																									
	25																									
	26																									
	27																									
	28																									
	29																									
	30																									
	31																									
	32																									
	33																									
	34																									
	35																									
	36																									

M	T	W	T	F	M	T	W	T	F	M	T	W	T	F	M	T	W	T	F	M	T	W	T	F		Days Present	Days Absent	Tardies	Quarter Grade		
																									1						
																									2						
																									3						
																									4						
																									5						
																									6						
																									7						
																									8						
																									9						
																									10						
																									11						
																									12						
																									13						
																									14						
																									15						
																									16						
																									17						
																									18						
																									19						
																									20						
																									21						
																									22						
																									23						
																									24						
																									25						
																									26						
																									27						
																									28						
																									29						
																									30						
																									31						
																									32						
																									33						
																									34						
																									35						
																									36						

Total Number of Items (rows) × **Number of Incorrect Items** (columns)

Items	1	2	3	4	5	6	7	8	9	10	11	12	13	14	15	16	17	18	19	20	21	22	23	24	25	26	27	28	29	30
50	98	96	94	92	90	88	86	84	82	80	78	76	74	72	70	68	66	64	62	60	58	56	54	52	50	48	46	44	42	40
49	98	96	94	92	90	88	86	84	82	80	78	76	73	71	69	67	65	63	61	59	57	55	53	51	49	47	45	43	41	39
48	98	96	94	92	90	88	85	83	81	79	77	75	73	71	69	67	65	63	60	58	56	54	52	50	48	46	44	42	40	38
47	98	96	94	91	89	87	85	83	81	79	77	74	72	70	68	66	64	62	60	57	55	53	51	49	47	45	43	40	38	36
46	98	96	93	91	89	87	85	81	80	78	76	74	72	70	67	65	63	61	59	57	54	52	50	48	46	43	41	39	37	35
45	98	95	93	91	89	87	84	82	80	78	76	73	71	69	67	64	62	60	58	56	53	51	49	47	44	42	40	38	36	33
44	98	95	93	91	89	86	84	82	80	77	75	73	70	68	66	64	61	59	57	55	52	50	48	45	43	41	39	36	34	32
43	98	95	93	91	88	86	84	81	79	77	74	72	70	67	65	63	60	58	56	53	51	49	47	44	42	40	37	35	33	30
42	98	95	93	90	88	86	83	81	79	76	74	71	69	67	64	62	60	57	55	52	50	48	45	43	40	38	36	33	31	29
41	98	95	93	90	88	85	83	80	78	75	73	71	68	66	63	61	59	56	54	51	49	46	44	41	39	37	34	32	29	27
40	98	95	93	90	88	85	83	80	78	75	73	70	68	65	63	60	58	55	53	50	48	45	43	40	38	35	33	30	28	25
39	97	95	92	90	87	85	82	79	77	74	72	69	67	64	62	59	56	54	51	49	46	44	41	38	36	33	31	28	26	23
38	97	95	92	89	87	84	82	79	76	74	71	68	66	63	61	58	55	53	50	47	45	42	39	37	34	32	29	26	24	21
37	97	95	92	89	86	84	81	78	76	73	70	68	65	62	59	57	54	51	49	46	43	41	38	35	32	30	27	24	22	19
36	97	94	92	89	86	83	81	78	75	72	69	67	64	61	58	56	53	50	47	44	42	39	36	33	31	28	25	22	19	17
35	97	94	91	89	86	83	80	77	74	71	69	66	63	60	57	54	51	49	46	43	40	37	34	31	29	26	23	20	17	14
34	97	94	91	88	85	82	79	76	74	71	68	65	62	59	56	53	50	47	44	41	38	35	32	39	26	24	21	18	15	12
33	97	94	91	88	85	82	79	76	73	70	67	64	61	58	55	52	48	45	42	39	36	33	30	27	24	21	18	15	12	9
32	97	94	91	88	84	81	78	75	72	69	66	63	59	56	53	50	47	44	41	38	34	31	28	25	22	19	16	13	9	6
31	97	94	90	87	84	81	77	74	71	68	65	61	58	55	52	48	45	42	39	35	32	29	26	23	19	16	13	10	6	3
30	97	93	90	87	83	80	77	73	70	67	63	60	57	53	50	47	43	40	37	33	30	27	23	20	17	13	10	7	3	
29	97	93	90	86	83	79	76	72	69	66	62	59	55	52	48	45	41	38	34	31	28	24	21	17	14	10	7	3		
28	96	93	89	86	82	79	75	71	68	64	61	57	54	50	46	43	39	36	32	29	25	21	18	14	11	7	4			
27	96	93	89	85	81	78	74	70	67	63	59	56	52	48	44	41	37	33	30	26	22	19	15	11	7	4				
26	96	92	88	85	81	77	73	69	65	62	58	54	50	46	42	38	35	31	27	23	19	15	12	8	4					
25	96	92	88	84	80	76	72	68	64	60	56	52	48	44	40	36	32	28	24	20	16	12	8	4						
24	96	92	88	83	79	75	71	67	63	58	54	50	46	42	38	33	29	25	21	17	13	8	4							
23	96	91	87	83	78	74	70	65	61	57	52	48	43	39	35	30	26	22	17	13	9	4								
22	95	91	86	82	77	73	68	64	59	55	50	45	41	36	32	27	23	18	14	9	5									
21	95	90	86	81	76	71	67	62	57	52	48	43	38	33	29	24	19	14	10	5										
20	95	90	85	80	75	70	65	60	55	50	45	40	35	30	25	20	15	10	5											
19	95	89	84	79	74	68	63	58	53	47	42	37	32	26	21	16	11	5												
18	94	89	83	78	72	67	61	56	50	44	39	33	28	22	17	11	6													
17	94	88	82	76	71	65	59	53	47	41	35	29	24	19	12	6														
16	94	88	81	75	69	63	56	50	44	38	31	25	19	13	6															
15	93	87	80	73	67	60	53	47	40	33	27	20	13	7																
14	93	86	79	71	64	57	50	43	36	29	21	14	7																	
13	92	85	77	69	62	54	46	38	31	23	15	8																		
12	92	83	75	67	58	50	42	33	25	17	8																			
11	91	82	73	64	55	45	36	27	18	9																				
10	90	80	70	60	50	40	30	20	10																					
9	89	78	67	56	44	36	22	11																						
8	88	75	63	50	38	25	13																							
7	86	71	57	43	29	14																								
6	83	67	50	33	17																									
5	80	60	40	20																										
4	75	50	25																											
3	67	33																												

Number of Incorrect Items